Книга Аллаха

«Борьба между светом и тьмой»

СПЕКТАКЛЬ

Чтобы посмотреть театральную пьесу :
Книга Аллаха
«Борьба между светом и тьмой»

Пожалуйста, используйте QR-код.

Доктор Султан бин Мухаммад аль-Касими

Книга Аллаха

«Борьба между светом и тьмой»

СПЕКТАКЛЬ

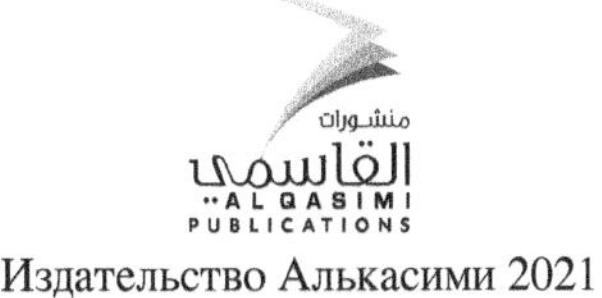

Издательство Алькасими 2021

Книга Аллаха
«Борьба между светом и тьмой»
Спектакль
Доктор Султан бин Мухаммад аль-Касими
Первое русское издание, 2021
Все права охраняются законом
Издательство аль-Касими
Шарджа, ОАЭ

Перевод: Доктор Асим Альхалифа
Редакция: Куряев Юсеф Гаязович

Разрешение на печать: Национальный Совет по СМИ, Абу Даби, ОАЭ
Номер: МС-03-01-7197194, Дата: 15-07-2021

Шарджа, ОАЭ
Возрастная классификация: E
Возрастная группа, совпадающей с содержанием
книги, квалифицированной с возрастной классификацией,
изданной Национальный Совет по СМИ
ISBN: 978-9948-469-40-7

Публикация Аль-Касими
п/я: 64009 Шарджа, ОАЭ
тел: +971 6 509 0000 факс: +971 6 552 00 70
ЭП: info@aqp.ae

СОДЕРЖАНИЕ

Театральные Персонажи

- Группа представителей «света» (В белой одежде и белых тюрбанах)
- Предводитель «света»
- Мужчина – тайный голос
- Первый мужчина
- Второй мужчина
- Третий мужчина
- Группа ученых
- Группа восточной делегации
- Глава восточной делегации
- Группа западной делегации (в западной одежде)
- Глава западной делегации
- Группа представителей «тьмы» (в черной одежде)
- Лидер тьмы

- Группа женщин
- Двое мужчин
- Группа мужчин (с прожекторами)

Место

- Большой зал

Время

- Настоящее время

Первая Сцена

Место: Большой просторный зал без особых примет

Время: Настоящее время

Освещается большой зал, в центре которого стоит прямоугольный стол, над которым с потолка висит экземпляр Священного Корана, наклоненный под углом 45 градусов в сторону зрителей. На Коран падает яркий свет, исходящий со всех сторон. На стенах зала разложены книги, перья и чернильницы.

В зал входят облаченные в белые одежды и с белыми тюрбанами на головах мужчины. Они издают гудящий звук, напоминающий чтение Корана. Во главе их идет предводитель «света».

Они входят в зал по одному, один раз с правой стороны сцены, а в другой раз с левой стороны. Каждого из них держит в руках открытый Священный Коран и читает. Они вращаются вокруг стола. После того, как они все выходят, садятся за стол. Он держат Коран перед собой. Их предводитель садится в передней части стола.

Издается тайный голос, говорящий:

Пророк (Да благословит его Аллах и приветствует) сказал:

«О, люди, я оставил среди вас две вещи, держась за которые, вы не собьетесь с прямого пути! Книгу Аллаха и Сунну Его посланника.»

После этого сидящие за столом расходятся и идут к стенам зала. Каждый берет книгу, тетрадь и чернильницу и возвращается к столу, чтобы читать и писать.

Голос «группы» эхом раздается в зале:

Посланием небес и путем ислама

Распространяем благоденствие, распространяем мир

Со знанием и верой защищаем родину.

(Затемнение)

Вторая Сцена

Тот же зал, что и в первой сцене. Свет, книги на стенах, и висящий Коран все так же, как и в первой сцене.

Голос «группы» продолжает эхом раздаваться по залу:

Посланием небес и путем ислам ислама

Распространяем благоденствие, распространяем мир

Со знанием и верой защищаем родину.

В зал входит человек, толкая перед собой стол на колесиках. На стое лежат химические инструменты и препараты. Он проводит несколько притягивающий взор экспериментов. Он говорит:

Я Джабир бин Хайян аль-Азди, Я жил в Куфе в Ираке с 103 по 199 год по хиджре, что соответствует 722–815 годам нашей эры.

Меня назвали отцом химии, и с моими исследованиями я развил химические науки и изобрел первое в мире устройство для процесса дистилляции.

Голос группы повторяется:

Посланием небес и путем ислам ислама

Распространяем благоденствие, распространяем мир

Со знанием и верой защищаем родину.

В зал входит второй человек, толкая перед собой стол, на котором находятся лютня, другие музыкальные инструменты и страусовое перо. Он говорит:

Я Якуб бин Исхак аль-Кинди, Я жил между 185 и 260 годами по хиджре, что соответствует 805–873 н.э.

Я ученый в области математики, физики, астрономии, философии, медицины, инженерии, фармацевтики, химии и географии.

И есть наука, о которой вы не знаете, что я пробирался сквозь моря её знаний. Это – музыка. Я первый, кто установил звукоряд для арабской музыки. Я дам вам послушать некоторые арабские музыкальные тоны.

И он взял лютню и начал бить пером по струнам и петь мелодии.

Группа повторяет:

Посланием небес и путем ислам ислама

Распространяем благоденствие, распространяем мир

Со знанием и верой защищаем родину.

Затем входит третий человек, держа в руках инструменты для измерения расстояний между небесными телами и говорит:

Я аль-Хасан бин аль-Хайтам. Я жил между 353 и 431 годами по хиджре, что соответствует 965 и 1040 годам нашей эры.

Я энциклопедический ученый в области оптической физики, астрономии, инженерии, офтальмологии и визуального восприятия. Мои теории привели к изменению преобладающих концепций в оптике.

Я основал науку о свете. Преобладало представление, что луч света выходит из глаза, падает на предметы, и мы их видим. Но я сказал: Почему тот луч не выходит в темноте?

И я выдвинул свою теорию: Лучи света падают на тела, и их отражения падают на глаза, и мы их видим.

После этого по одному друг за другом входят «ученые, держа в руках научные инструменты. Группа повторяет:

Посланием небес и путем ислам ислама

Распространяем благоденствие, распространяем мир

Со знанием и верой защищаем родину.

Песнопение повторяется, в то время как тайный голос перечисляет имена ученых:

Мухаммад аль-Хорезми,

Абу Бакр аль-Рази,

Абу Наср аль-Фараби,

Абу аль-Райхан аль-Бируни.

(Затемнение)

Третья Сцена

Зал в таком же виде, как было во второй сцене.

Предводитель «света» в белом облачении сидит за столом. С правой стороны сцены выходит «группа», прибывшая с востока, в вышитых платьях. Глава восточной делегации приветствует предводителя «света»:

Мир предводителю света.

Издается голос, отвечающий на приветствие.

Восточная делегация поёт:

Мы приехали из стран Востока с любовью и преданностью

Мы просим сострадания от послания небес.

Под эту песню Восточная делегация исполняет танец, используя красочные ткани.

После этого с левой стороны сцены входит другая группа, прибывшая с запада в своей западной одежде. Глава западной делегации приветствует предводителя света:

Мир предводителю света.

И вот раздается голос, который отвечает на приветствие.

Западная делегация поет:

В западной стране уже давно живем во тьме невежества.

И к источнику науки мы пришли за мыслью и наукой.

Под песню западная делегация в западной одежде исполняет свои танцы.

Затем две делегации собираются вместе, чтобы образовать одну группу. В едином танце поют и повторяют:

О крепость ислама, о место встречи людей.

Об оазис процветания, безопасности и мира

Дай нам безопасность, науку и веру.

(Затемнение)

Четвертая Сцена

Зал, как и в предыдущей сцене.

Мужчины, которые сидели вокруг стола, спят, положив руки на стол, а головы на руки.

Свет, падающий на Коран, погас.

И вдруг тайный голос декламирует:

Аллах Всемогущий сказал в Священном Коране: "После них пришли потомки, которые перестали совершать намаз и стали потакать желаниям. Все они несут убыток (или будут испытывать тяготы или понесут наказание за невежество или встретят зло)". (Священный Коран, сура Марьям, аят 59.)

В зал входят люди в черной облегающей одежде, видны только их глаза.

Они прыгают в разные стороны, подобно воронам.

Они издают звуки, подобные карканью ворон.

И взбираются на стол. Они встают друг на друга, чтобы добраться до Корана, висящего под потолком. Один из них хватает Коран и кричит:

О, предводитель тьмы, это книга Аллаха, возьми и рассуди по нему!

Предводитель тьмы берет Коран и говорит:

Во-первых, выбросьте отсюда этих «лжемусульман».

Каждый из представителей тьмы выводит одного из представителей света потом снова возвращаются к столу, где сидит «повелитель тьмы». Они спрашивают его:

Как ты прикажешь сделать с нашими пленниками, о предводитель тьмы?

Предводитель тьмы:

Мы убиваем их, отрубая им головы ножом.

Некоторые из них выходят и возвращаются, и каждый ведет перед собой одного пленника в оранжевой робе.

И каждый хватает пленника за волосы и начинается процесс казни. Сами начинают кричать от радости.

Один из них спрашивает:

А что нам делать с рабынями, о предводитель тьмы?

Повелитель тьмы:

Приведите их.

Входит «группа женщин», закутанных в черное одеяние.

Предводитель тьмы:

Пусть каждый выберет по одной.

Каждый из «представителей тьмы» нападает на одну из женщин, а они кричат. Они погоняют женщин, издавая крики, похожие на лай собак:

Гав! Гав! Гав!

При преследовании черный цвет смешивается с черным. Лай собак все продолжается.

Снова раздается голос предводителя тьмы:

Кто хочет лучшего и красивее чем это?

Четыре гурии в раю! Четыре гурии в раю!

Пусть взорвет себя и станет мучеником... мучеником ...

Затем попадет в рай вечности, где ждут гурии.

Становятся слышны звуки взрывов и видна вспышка.

Представители тьмы повторяют песнопения:

Коран – это наш Коран, а религия – наша религия

Шариат - наш закон, а правление - наше правление.

(Затемнение)

Пятая Сцена

Сцена, как и в предыдущих сценах, но полностью темная.

Представители тьмы, одетые в черное, чем-то заняты за столом.

Входят двое мужчин, одетые в белое. На краю сцены один из них говорит другому:

Мы не сможем их уничтожить пушкой и пулеметом.

Другой:

Тогда чем?

Первый:

С помощью света мы сможем их уничтожить.

Другой:

Как?

Первый:

Пусть во всей нашей жизни будет свет!

Другой:

Давай, начнем!

На сцену выходят мужчины в белых одеяниях с прожекторами на лбу и скандируют:

О Аллах, сделай свет в моем сердце

И на моем языке,

Сделай свет в моем слухе,

Сделай свет в моих глазах,

Сделай свет позади меня,

И свет передо мной,

И зажги свет надо мной,

И из-под меня свет,

О Аллах, дай мне свет!

Представители тьмы обратили внимание на эти звуки и свет. Вся сцена стала освещена.

Представители тьмы пытаются убежать, но представители света преследуют их, чтобы взять Коран из их рук. Они подхватывают Коран и передают в руки предводителя света. Он поднимает его высоко. В это время представители тьмы падают на землю.

Предводитель света говорит, указывая на «тела» представителей тьмы:

Уберите этих подонков отсюда!

Представители света потащили тела мракобесов, скандируя:

Аллах велик!

Премногая хвала Аллаху!

Слава Аллаху утром и перед закатом!

Нет бога, кроме Аллаха, Единого!

Он даровал победу Своему рабу,

Он даровал силу Своему войску,

И нанес поражение врагам в одиночку.

Нет бога, кроме Аллаха!

Звучит тайный звук. Он читает:

Всевышний Аллах сказал: «Скажи: Явилась истина, и сгинула ложь. Воистину, ложь обречена на погибель. Мы ниспосылаем в Коране то, что является исцелением и милостью для верующих, а беззаконникам это не прибавляет ничего, кроме убытка.» (Коран, Сура Аль-Исра, аяты 81–82)

В это время Коран был поднят на свое прежнее место и подвешен к потолку театра.

Группа повторяет продолжает читать аят:

Скажи: «Явилась истина, и сгинула ложь. Воистину, ложь обречена на погибель.»

И вдруг чей-то голос говорит:

Пусть женщины тоже участвуют! Пусть женщины тоже участвуют!

Входят женщины, одетые в белые одеяния. Они держатся за кончики белых платков, как крылья порхающей бабочки.

И они возвращают книги на полки.

И все поют, повторяя:

Посланием небес и путем ислама

Распространяем благоденствие, распространяем мир

Со знанием и верой защищаем родину.

(Завершающий занавес)